Joseph Fessler

**Die Revision des Concordates**

Joseph Fessler

**Die Revision des Concordates**

ISBN/EAN: 9783744720601

Hergestellt in Europa, USA, Kanada, Australien, Japan

Cover: Foto ©ninafisch / pixelio.de

Weitere Bücher finden Sie auf **www.hansebooks.com**

# Die Revision

des

# Concordates

von

## Prof. Dr. Josef Feßler.

**Wien.**

Druck und Verlag von Carl Gerold's Sohn.

**1861.**

Man kann jetzt kaum ein Zeitungsblatt in die Hand nehmen, ohne dem Streit über die Revision des Concordates zu begegnen. Die Frage ist allerdings eine ernste und bedeutungsvolle, da sie in wichtige Lebensverhältnisse tief eingreift und deren Gestaltung so oder anders bedingt. Aber gerade deßhalb scheint auch eine ruhige, klare und bündige Erörterung dieser nun einmal angeregten Streitfrage um so mehr angezeigt, als bereits von mehr als einer Seite die Leidenschaft sich einzumischen beginnt, welche stets den klaren Blick trübt und die Sache selbst verwirrt, statt sie aufzuhellen. Und doch gibt es ohne Zweifel eine bedeutende Zahl von Leuten aus allen Ständen, die bei dem hohen Interesse, das sie an der Sache nehmen, nicht in der Lage sind, aus den Quellen sich zu orientiren und so sich ein eigenes, wohlbegründetes Urtheil über die Sache zu bilden, wie es doch von gebildeten Menschen zu erwarten ist, wenn sie in einer hochwichtigen öffentlichen Angelegenheit eine bestimmte auf Ueberzeugung ruhende Ansicht haben und ihr Wort in die eine Wagschale der öffentlichen Meinung legen wollen. Für Solche sind diese Zeilen geschrieben vom Standpuncte eines ruhigen, unparteiischen Beobachters, dem es vor Allem um R e c h t und W a h r h e i t zu thun ist.

Als vor etwas mehr als Jahresfrist ein ähnlicher Sturm sich erhob, dem die öffentlichen Blätter des In= und Auslandes bereitwillig ihre Spalten öffneten, bis er dahingebrauſt war, da lautete die Parole anders und ſtärker. „Abſchaffung des öſterreichiſchen Concordates“ war in jener Zeit die Loſung. Auf dieſe Zumuthung äußerte ſich eine damals im Auslande erſchienene Broſchüre in folgender Weiſe:

„Iſt das die von Alters her gerühmte ſprüchwörtlich gewordene deutſche Treue und Redlichkeit? Iſt es in Deutſch= land dahin gekommen, daß perfider Rath zu perfider That als echt deutſch gilt? und das gegenüber von Oeſterreich, deſſen Politik faſt nur den Einen Ruhm ſich bewahrte, ehrlich zu ſein? Oeſterreich ſoll einen Frieden ſchließen — denn das Concordat iſt nichts Anderes, als ein Friedensſchluß, ein „feierlicher Vertrag,“ wie es in den Eingangsworten des Concordats mit ausdrücklichen Worten heißt — alſo Oeſterreich ſoll einen Frieden ſchließen und dieſen feierlichen Vertrag nach ein paar Jahren vor aller Welt einſeitig bre= chen; es ſoll dem ſchlechten Beiſpiele von Sardinien folgen, welches ſein Concordat mit dem Papſte gebrochen hat, und dafür von der ganzen rothen und halbrothen Preſſe gelobhubelt wird. Nein! da muß ſich doch jeder ehrliche Deutſche in's tiefſte Herz hinein ſchämen, wenn er denkt, daß einer deutſchen Großmacht eine ſolche Zumuthung auch nur von ferne ge= macht werden könnte ...“

„Es mag vielleicht einigen, ſelbſt höheren Beamten in Oeſterreich das Concordat nicht recht ſein; zu einem Rath, zu einem Schritt, der ihres Kaiſers Ehre befleckt, der einen offenen oder verdeckten Wortbruch in ſich ſchließt, wird beß= halb doch Keiner die Hand bieten, mögen auch deutſche ton= angebende Blätter noch ſo ſehr zu einem ſolchen falſchen Schritte drängen *).

---

*) Anſprüche der Proteſtanten in Oeſterreich. Freiburg 1859. S. 7. 8. 9.

Es scheint, daß solche oder andere ähnliche Erwägungen doch einen gewissen Eindruck machten, welcher ein so grelles Auftreten fortan nicht rathsam erscheinen ließ. So verschwand denn allmählich jener, mit der Ehre Oesterreichs und seines Kaisers so wenig verträgliche Ruf: Fort mit dem Concordat. Nachdem es einige Zeit stille gewesen war, erscholl plötzlich, wie mit Einem Schlag, durch die öffentlichen Blätter der neue Ruf als die Parole des Tages: Revision des Concordates.

Das hört sich schon besser an und weicht dem gehässigen Vorwurf des Wortbruches und der Perfidie, der Nachahmung Sardiniens u. dgl. glücklich aus. — Denn das Concordat ist ja doch ein Vertrag? Allerdings. Ein jeder Vertrag ist der Revision fähig. Wer wollte das läugnen? Also ist auch beim Concordat eine Revision möglich? Nun, diese Möglichkeit wird sich wohl nicht in Abrede stellen lassen, wenn man nicht behaupten will, daß Verträge oder Gesetze geradezu unabänderlich seien. Und wer wollte das behaupten? Der Streit über die Möglichkeit der Revision des Concordates ist daher ein sehr müßiger, den man sich füglich hätte ersparen können.

Man hat auch einen Ausspruch Seiner Eminenz des Cardinal-Erzbischofs von Wien in diesen Streit hineingezogen, der offenbar gar nichts damit zu thun hat, wie jeder weiß, der die Reichsraths-Verhandlungen kennt. Es waren im Reichsrath Anträge in religiös-politischer Beziehung gestellt worden, welche der „Aufgabe des Reichsrathes fremd waren;" bei diesen Anträgen kam jedoch weder die Aufhebung, noch die Revision des Concordates zur Sprache. Wohl aber bemächtigten sich sofort die öffentlichen Blätter einer gewissen Partei dieser willkommenen Gelegenheit zu feindseligen Angriffen auf das Concordat. Dadurch fand sich Se. Eminenz der Herr Cardinal veranlaßt, diesen Entstellungen entgegen= zutreten, wie es im Eingang seiner Rede ausdrücklich gesagt wurde. Der hohe Reichsrath selbst hatte sich bereits gegen jene Anträge ablehnend erklärt; und mit Bezug darauf sprach Seine Eminenz die Worte, welche man jetzt verstümmelt (weil sie in ihrer Vollständigkeit für die Parteizwecke nicht auszubeuten) in die Zeitungs=Polemik hineinzerrt. Sie lauten aber eigentlich so: „Uebrigens ist das Concordat ein Staatsver= trag und ein Reichsgesetz, und jedes Wort, welches man in dieser hohen Versammlung für die Geltung desſel= ben spräche, wäre ein überflüssiges." (Reichsraths=Verhandlun= gen S. 203.) Also daß das Concordat Geltung habe, weil es Staatsvertrag und Reichsgesetz sei, das hielt Seine Eminenz für überflüssig, den Herren Reichsräthen, die Staats= männer und Rechtskundige waren, erst noch zu beweisen. Ueber die Revision des Concordates enthalten diese Worte nichts, weder dagegen, noch dafür.

Also, um auf unseren obigen Satz zurückzukommen, die Möglichkeit einer Revision des Concordates läßt sich wohl nicht in Abrede stellen; aber freilich, wenn man um sich blickt und sieht, wie dermal in Europa die Revision betrieben wird, so wird man wohl nicht ohne Grund darüber stutzig werden. Bekanntlich ist von der Seine her das inhaltschwere Wort: Revision der Verträge von 1815 in Umlauf gesetzt worden. Wir sehen tagtäglich vor Augen, wie das gemeint ist. Ein Reich um das andere stürzt zusammen unter den Schlä= gen des stärkeren Nachbars und wird von ihm verschlungen, wenn sich auch die Bewohner noch so verzweifelt wehren. Das ist die moderne Art von Revision der europäischen Verträge. Wer noch einen Funken Rechtsgefühl in sich trägt, ist empört ob solchem Gebahren. Aber dennoch — das heißt man die factische Revision der Verträge; es ist in Wahrheit das Recht des Stärkeren, das alte rohe Faustrecht, eigentlich die Vernichtung des Rechtes und die Herrschaft der Willkür, vor der Europa dasteht wie versteinert durch den Anblick des Medusenhauptes, wie bezaubert durch den stechenden Blick der Schlange.

Sollte etwa diese Revision der europäischen Verträge durch Sardinien als Vorbild dienen für die Revision des österreichischen Concordates? Dann könnten wohl nur jene, welche die jetzigen Vorgänge in Italien als rechtmäßig und gut ansehen, also mit der Revolution Hand in Hand gehen, die Willkür an die Stelle des Rechtes setzen, und so die gefähr= lichsten Gegner der öffentlichen Ruhe und Wohlfahrt sind, eine solche Revision des Concordates verlangen. Doch die Zahl derer, welche sich in diese Reihe stellen werden, dürfte immerhin sehr gering sein. So weit ist es bei uns noch nicht gekommen, daß man einfach die Gewalt an die Stelle des Rechtes zu setzen und so offen den Umsturz zu predigen sich nicht mehr scheute. Es herrscht noch hinlänglich gesunder Sinn, um einzusehen, daß, wenn die öffentlichen Verträge willkürlich von dem Einen Theile gebrochen werden können, und dieses recht ge= nannt wird, die Verträge unter Privatleuten auch nicht besser sind und kräftiger halten, sobald sie dem Einen Theile unbequem sind; dieser wird sie mit dem gleichen Recht abschütteln und verwerfen. Es ist Ein Grund des Rechtes, auf dem beide Arten von Verträgen ruhen, von dem sie ihre Kraft haben. Je öfter man von Oben herab das Beispiel des Bruches feierlicher Verträge gibt, desto eher wird es von Unten Nachahmung finden.

Es ist nun zwar von jeher (wer wollte das läugnen?) in der Welt vorgekommen, daß von Zeit zu Zeit ein Staats=

vertrag gebrochen wurde. Das that zu allen Zeiten die Revolution in dieser oder jener Form; das thaten kühne, gewissenlose Eroberer, ehrgeizige Tyrannen. Die Geschichte hat sie gerichtet, und ihre Namen sind gebrandmarkt für alle Zeiten. Aber die Gefahr liegt nicht so fest in dem zeitweisen Vorkommen so schnöden Wortbruches und frevelhafter Rechtsverletzung, als vielmehr in der grundsätzlichen Anerkennung, Belobung und Empfehlung des einseitigen Bruches feierlich geschlossener Verträge. Wo diese Statt findet bei öffentlichen Verträgen, da wird Treue und Glauben untergraben, das Rechtsgefühl in den Menschen vernichtet, womit zugleich allen und jeden Privat-Verträgen der feste Grund entzogen wird. Darin liegt die große Gefahr für die Gesellschaft, wenn bei den öffentlichen Verträgen der einseitige Wortbruch angepriesen und empfohlen wird.

Doch es gibt ja Leute, die öffentlich behaupten, das Concordat sei gar kein Staatsvertrag. Freilich scheinen diese Leute nur auf ein Publicum, welchem alle Kenntniß der Geschichte und des Rechtes von Europa fehlt, für welches die Geschichte ter letzten sieben Jahrhunderte gar nicht existirt, zu speculiren, und einem solchen Publicum kann man so etwas allenfalls schon vordemonstriren.

Aber zur Erhöhung der Achtung vor einem öffentlichen Blatt, in dem so etwas ernsthaft behauptet wird, kann diese Behauptung doch wohl schwerlich beitragen. Steht es denn nicht im Eingange des Concordates mit klaren, bestimmten Worten zu lesen, daß dasselbe ein „feierlicher Vertrag" zwischen dem Papst und dem Kaiser sei? Es würde sich doch wohl schicken, das Concordat einmal zu lesen, bevor man über dasselbe ein Urtheil abgeben will. Oder wird jenes Blatt vielleicht einwenden: Ja, es steht freilich darin, aber es ist doch kein Vertrag, weil ein solcher in diesem Falle gar nicht möglich ist? — Das wäre wahrhaftig höchlich zu verwundern, wenn Oesterreichs einsichtsvolle Staatsmänner einen „feierlichen Vertrag" abschließen und dieses öffentlich erklären, die ganze Welt es erfährt und je nach ihrem Standpunct diesen Vertrag lobt oder tadelt, bis endlich fünf Jahre später ein obscures Provinz-Blättchen die überraschende Entdeckung macht, daß alle Welt bisher in einem kolossalen Irrthum befangen war, indem eigentlich dieser vielbesprochene Staatsvertrag gar nicht existirt. Und warum denn nicht? Weil es blos ein Vertrag sei des Kaisers mit seinen katholischen Unterthanen. Nun, und wenn er das wirklich wäre, sollte er dann etwa keine Rechtskraft haben? Er ist aber das nicht, sondern er ist ein Vertrag des Kaisers mit dem Oberhaupt der ganzen katholischen Kirche über den Rechtszustand der katholischen Kirche, insofern die autonome geistliche Regierung derselben nach den in ihr seit ihrer Gründung durch Christus und den heiligen Geist niedergelegten und fortentwickelten Grundsätzen in Berührung kömmt mit der autonomen weltlichen Regierung des Kaiserthums Oesterreich, und diese wechselseitige Berührung, um nicht zu Collisionen ihrer beiderseitigen Rechte Anlaß zu geben, auf Grundlage der Gerechtigkeit und Billigkeit regulirt wird, so daß jede der beiden contrahirenden Mächte ihre Rechte im Wesentlichen wahrt, im Uebrigen aber der anderen gewisse Zugeständnisse macht. Dabei ist es wohl klar, daß es auf dem Gebiete dieser Zugeständnisse ein Mehr oder Minder, aber auch eine äußerste Grenze gibt, dort nämlich, wo das Wesentliche beginnt. Natürlich bestimmt jede der beiden Mächte selbst, wo für sie das Wesentliche beginne, also die Möglichkeit der Zugeständnisse aufhöre. Will die eine Macht dieses Recht der anderen, selbst zu bestimmen, wo für sie das Wesentliche beginne, nicht anerkennen, so wird eben

kein Vertrag zwischen ihnen zu Stande kommen. Aber wer
leidet dann darunter am meisten? Wer anders, als die ka=
tholischen Unterthanen des betreffenden Reiches? Sie befin=
den sich genau in der Lage wie die Bewohner eines Grenz=
gebietes, in dem zwei sich bekämpfende Mächte gegen einan=
der stehen. Und da leidet am meisten der arme Unterthan.
Ja noch mehr, in jedem solchen Conflicte „leiden Kirche und
Staat, und die Welt schreitet rückwärts.“ Darum hat die
Rücksicht auf das wahre Wohl der Völker und Staaten von
jeher die Regierungen bewogen, auf Grundlage der Gerech=
tigkeit und Billigkeit solche Staatsverträge mit dem Ober=
haupt der katholischen Kirche — Concordate — zu schließen
und — zu halten. Hat doch selbst Napoleon I. die Noth=
wendigkeit eines Concordates begriffen, und daher ein solches
mit Pius VII. abgeschlossen! Auch dem gewaltigen Autokra=
ten von Rußland, Nikolaus I., entging diese Nothwendigkeit
nicht; auch er schloß sein Concordat mit dem Papste Pius IX.
in 31 Artikeln (1847). Die beiden mächtigen Regenten hät=
ten sich das ersparen können, wenn das Orakel in Gratz
früher gesprochen und sie belehrt hätte, daß dieses eigentlich
eine ganz vergebliche Mühe sei, indem die Concordate als
bindende Verträge von Rechtswegen ja gar nicht existiren
können, gar nicht denkbar seien. Allein die Theorie, daß die
Concordate eigentlich gar keine bindenden Verträge, sondern
ein baares Unding seien, blieb einer Zeit vorbehalten, in der
dem öffentlichen Rechte in Europa, wie kaum je zuvor, Hohn
gesprochen wird, blutige Gewaltthat und arglistige Sophistik
die Stelle des Rechtes einnehmen, und eben hiedurch auf
allen Gebieten des Lebens die Begriffe von Recht und Wahr=
heit, Treue und Redlichkeit in die unheilbringendste Verwir=
rung zu gerathen drohen. Sie verdient wahrlich nicht, daß

man sich dabei länger aufhalte; doch in einer Zeit, wo bei
dem vielfach herrschenden Mangel einer gründlichen Bildung
auch das Unglaublichste und Unsinnigste seine blind nachbeten=
den Anhänger findet, darf man selbst eine solche Ansicht nicht
ganz unbeachtet lassen.

Gehen wir nun von dem Grundsatze des öffentlichen
Rechtes aus, daß ein Concordat ein Vertrag sei, wel=
cher somit beide kontrahirenden Theile bindet, und ohne Rechts=
verletzung nicht einseitig gebrochen werden kann;

und schließen wir den weiteren Grundsatz an, daß jeder
Vertrag durch freie Zustimmung derjenigen, welche diesen
Vertrag mit einander geschlossen haben, einer rechtmäßigen Ab=
änderung fähig sei, von welcher Regel die Concordate
keine Ausnahme bilden,

so kömmt hauptsächlich die Frage zu erörtern, ob für eine
solche Abänderung (oder wie man es jetzt nennt: Revision)
zureichende, ja bringende Gründe vorhanden seien.

Denn das Concordat ist eine von den Grundlagen des
öffentlichen Rechtes in Oesterreich. Auf dieser Grundlage hat
im Verlaufe von fünf Jahren bereits eine nicht unbedeutende
Fortentwickelung der damals zu diesem Zwecke vereinbarten
und öffentlich aufgestellten Principien Statt gefunden; der
Episkopat, der Klerus und das katholische Volk (mindestens
in seiner großen Mehrzahl) hält fest an diesen Principien und
ihrer bereits ziemlich weit durchgeführten Fortentwickelung.
Bei dieser Sachlage ist es von selbst einleuchtend, daß eine
weise Regierung nicht ohne zureichende, ja bringende Gründe
eine Abänderung vornehmen dürfe.

Dagegen lesen wir nun freilich in den öffentlichen Blättern:

„Gerade in unserem Lande sind wir in Bezug auf Ge=
setze seit langer Zeit an solchen Wechsel, an so tiefgreifende

Veränderungen gewöhnt, daß eine skeptische Anschauung in dieser Beziehung schon aus diesem Grunde allein nicht nur natürlich, sondern auch sehr begründet wäre."

Diese Worte sind sehr geeignet, jeden wahren Patrioten mit tiefem Schmerz, wie andererseits den Staatsmann mit gerechter Besorgniß für unsere Zukunft zu erfüllen, keineswegs aber die Abänderung des Concordates zu begründen. Wohin soll es zuletzt in einem Staate kommen, wo der morgige Tag das Gesetz des heutigen verschlingt, wo die Gesetze schneller aufgehoben als ausgeführt werden, wo dieser ewige Wechsel der Gesetze bereits als „natürlich" in den öffentlichen Blättern bezeichnet wird, daher jedem neuen Gesetz jene „skeptische Anschauung" begegnet, durch welche jedes bald wieder zerstört, keines befolgt wird, weil bei diesem Zustande der Dinge die zur getreuen Befolgung der Gesetze nöthige Achtung vor dem Gesetze fehlt, und dieser Mangel an Achtung vor dem Gesetze immer tiefer in die Massen bringt? Was aber immer und überall erfolge, wo in der großen Masse des Volkes die Achtung vor dem Gesetze verschwunden ist, das lehrt in vielen und traurigen Beispielen die Geschichte. Es ist darum keineswegs gleichgiltig, wenn auf einem so wichtigen, dem Volk so heiligen Gebiet, wie das religiöse ist, ein neues Beispiel des „Wechsels" und der „Veränderung" der Gesetze statuirt, und der Glaube des Volkes an die Dauer irgend welcher Einrichtungen, an die Festigkeit irgend welcher Gesetze noch mehr erschüttert wird. Es sei noch einmal die Frage verstattet: Wohin soll das führen? Kann das ein gutes Ende nehmen?

Also schon aus diesem Gesichtspunct sind gewiß nicht blos zureichende, sondern dringende, ja, man darf wohl sagen, höchst dringende Gründe erforderlich, um eine Revision oder

Abänderung des Concordates vorzunehmen. Zu demselben Resultate führt die Erwägung eines anderen, für jeden Unbefangenen eben so klaren Momentes.

Die wahren Katholiken, deren Zahl und Gewicht in Oesterreich nicht gar so gering anzuschlagen ist, obwohl es nicht ihre Art ist viel Lärm und Aufsehen zu machen, würden sicherlich das Concordat, welches sie als eine wahrhaft kaiserliche Gabe für die katholischen Unterthanen mit so dankbarer Freude aufgenommen haben, nicht ohne großes inneres Widerstreben, nicht ohne sehr bitteres Gefühl erlittenen Unrechtes verkümmern oder schmälern lassen.

Sind der Unzufriedenen nicht schon zuvor genug? Soll die Zahl derselben noch um eine so bedeutende Zahl der treuesten Unterthanen vermehrt, und so der Regierung eine neue Schwierigkeit bereitet werden? Als ob sie deren nicht schon zuvor genug hätte! Man gebe diesen Worten jedoch keine falsche Deutung. Wenn der echte Katholik auch mit einer Regierungsmaßregel höchlich unzufrieden ist, so greift er darum keineswegs zur Revolution, als dem Mittel der Abhilfe. Die Kirche lehrt ihn die Revolution verabscheuen. Aber er wird und muß alle gesetzlich erlaubten Mittel anwenden, um das Unrecht abzuwehren; und dadurch können allerdings einer Regierung bedeutende Schwierigkeiten erwachsen, die kein besonnener Staatsmann unterschätzen oder leichtsinnig hervorrufen wird.

Aber vielleicht sagt Jemand: Das sind nur leere Einbildungen, hohle Schreckbilder; die Regierung wird von der aufgeklärten öffentlichen Meinung getragen. — Es ist allerdings ein großer Dualismus in unserem Staatsleben: das religiöse Bewußtsein des katholischen Volkes, und die sogenannte öffentliche Meinung. Aber man täusche sich nicht. Die öffentliche Meinung in ihren Organen, den öffentlichen Blättern, und Localen, macht zwar oft sehr viel Lärm, ist aber gar oft nicht der Ausdruck der wahren Volksstimmung, sondern eben nur dieser oder jener Partei, welche im Augenblick die Herrschaft an sich gerissen hat oder an sich reißen möchte. Daher kömmt das seltsame Schauspiel vor unseren Augen, daß sie ewig unbefriedigt ist. Heute verlangt sie das; man gibt es ihr; morgen heißt es: Es war zu spät, jetzt müssen wir etwas mehr haben. Man gibt es wieder, auch das genügt nicht mehr; und so geht es von Tag zu Tag fort, als ob Wasser in das bodenlose Faß der Danaiden geschöpft würde. Doch es muß zuletzt der Tag kommen, wo das Geben zur Unmöglichkeit wird und doch die öffentliche Meinung ihrer Art nach immerfort verlangt. Was dann?

Wie ganz anders verhält es sich mit dem anderen oben erwähnten Factor des Staatslebens, mit dem katholischen Volksbewußtsein, das still und kräftig wirkt, ruhig und erhaltend. Dasselbe hat die seiner innersten Ueberzeugung nach wohlberechtigten Wünsche viele Jahre lang in sich getragen, gedulbet, geseufzt und gebetet; als die Zeit des freien Wortes kam, hat es sie bescheiden und mäßig formulirt und ausgesprochen, und als sie endlich nach abermals jahrelangem Harren erfüllt wurden im Concorbate, hat es diese Erfüllung dankbar, und zufrieden hingenommen, und hält sie kräftig fest. Da ist doch endlich einmal ein für die Zufriedenheit empfänglicher Boden; und den wollte man auch wieder aufwühlen? Sollte das Staatsweisheit sein?

Freilich, wenn es dennoch geschähe, würde die Presse Beifall jubeln, vor Allem die sarbinische, dann die inspirirte französische, und dazu ein großer Theil der Wiener Presse. Die sarbinische hätte auch wirklich allen Grund dazu, wenn in Oesterreich die Revision des Concorbates unternommen

würde; denn sie wüßte aus eigener Erfahrung recht gut, wo=
hin das zuletzt führe. Erst heißt es, um die Gemüther nicht
auf einmal zu sehr in Unruhe zu verfetzen, man wolle nur
eine Revision auf legalem Weg, auf dem Weg der Verhand=
lung mit dem heiligen Stuhl. Dagegen läßt sich im Allge=
meinen ja nicht viel sagen. Wenn die beiden contrahirenden
Mächte ihren Vertrag abändern wollen, wer kann es ihnen
wehren? Nun geht es an die einzelnen Puncte, die man ge=
ändert haben will. Da kann es geschehen, daß der heil. Stuhl
erklärt: In diesem oder jenem Punct kann ich nicht weiter nach=
geben, da ich die ewigen unwandelbaren Grundsätze der katho=
lischen Kirche nicht aufgeben, nicht abändern kann. Jetzt wird
die Sache ernster; Rom wird der Unverträglichkeit, der blin=
den Hartnäckigkeit, des starren Festhaltens an unzeitgemäßen
veralteten Principien laut beschuldigt; die Regierung wird von
der öffentlichen Meinung vorwärts gedrängt, einseitig zu ver=
fügen, was auf dem langsamen Weg der Verhandlung nicht
zu erreichen ist. Der Bruch des feierlichen Vertrags ist fertig;
und hat man das nur einmal an Einem Puncte gewagt, so folgen
bald andere nach; die öffentliche Meinung ist unersättlich in
ihren Forderungen. Dann steht Oesterreich auf demselben
Puncte, wie das wortbrüchige Sardinien, welches sich dann
nicht mehr allein zu schämen braucht. Das Alles kennt die
sardinische Presse aus der Erfahrung im eigenen Lande, und
sie würde daher zuerst der Revision des Concordates in Oester=
reich ihren lauten Beifall zollen, weil sie denselben Verlauf
der Sache in Oesterreich, wie in Sardinien erwarten würde.

Die inspirirte französische Presse würde in den Jubel=
ruf der sardinischen freudig einstimmen; denn (wer wird es
läugnen?) Oesterreichs Concordat wurde an der Seine immer
mit scheelen Augen angesehen. Es war eine That, welche

Oesterreich und seinem Kaiser die Sympathien der wahren Katholiken aller Länder in und außer Deutschland zuwendete, es war eine große, hochherzige That. Frankreich konnte dieser That und ihren wichtigen politischen Folgen die Augen nicht ver= schließen. Aber es hatte nicht den Muth, oder nicht die Kraft, oder nicht den Willen, diese That nachzuahmen. Es stand troß so mancher anderen Bestrebungen zu Gunsten des katho= lischen Interesses fortwährend im Schatten gegenüber dieser Einen glänzenden That, diesem öffentlichen Acte der Gerech= tigkeit, wodurch in der gewährten Freiheit für die katholische Kirche Gott gegeben wurde, was Gottes ist. Dieser Dorn im Auge würde weggenommen, wenn Oesterreich sein Concordat, das Palladium der kirchlichen Freiheit, antasten würde. Die inspirirte französische Presse würde diesen Act mit obligaten Schmeichelworten für die Weisheit der österreichischen Regie= rung begrüßen, da es für jede mit Oesterreich rivalisirende Regierung nichts Erwünschteres und Angenehmeres geben könnte, als einen solchen Schritt der österreichischen Regierung. Auch an leisem oder lautem Hohn, wie die Umstände es gerade mit sich brächten, würde es von dieser Seite nicht fehlen.

Natürlich würde ein Theil der Wiener Presse, derjenige, welcher bisher keine Gelegenheit versäumte, seine Abneigung gegen das Concordat an den Tag zu legen, diesen Schritt der Regierung nicht minder freudig begrüßen. Aber dieser Theil der Wiener Presse ist keineswegs das Volk; nicht einmal die Mehrzahl der Bevölkerung in und um Wien, die doch am meisten unter dem Einfluß solcher öffentlichen Blätter steht, ist durchweg so gesinnt, noch unendlich minder aber das katho= lische Volk in den weiten Ländern des Reiches, dessen Ruhe und Zufriedenheit auf dem so empfindlichen Gebiete der dem Menschen heiligsten religiösen Interessen durch die ohne Noth

vorgenommene Revision des Concordates in der bedrohlich=
sten Weise gefährdet würde.

Aber darum fragt es sich gerade, ob die Revision des
Concordates ohne Noth vorgenommen würde, oder ob vielmehr
zureichende, ja dringende Gründe zu einer solchen Revision
vorhanden seien? Um diese allfälligen Gründe kennen zu lernen, wovon
im katholischen Volke nichts verlautet, wovon seiner Zeit im
verstärkten Reichsrath kaum ein blasser Schatten zu sehen war,
dürfte es keinen besseren Weg geben, als die öffentlichen Blät=
ter zu hören. Eines derselben führt in Wien über diesen
Gegenstand das große Wort, und hat diese Gründe, haupt=
sächlich mit Bezug auf Ungarn, zusammengefaßt und formu=
lirt, weil (so wird behauptet) einzelne Bestimmungen des Con=
cordates mit den historischen Rechten des Königs von Ungarn
unverträglich seien, und daher beseitigt werden müssen. Es
dürfte für den Zweck dieser Schrift nicht unangemessen sein,
diese Gründe zu prüfen.

Wir halten uns hiebei an die natürliche Ordnung der
beanständeten Artikel, wie sie im Concordat selbst auf einan=
der folgen.

1. Es wird zuvörderst der II. Artikel des Concordates
mit folgenden Worten angefochten: „Nach dem Concordate sind
die Erzbischöfe und Bischöfe in ihrem Verkehr mit dem heiligen
Stuhl vollkommen frei." Dagegen „ist der König von Ungarn"
berechtigt, päpstlichen Disciplinar= und selbst b o g m a t i s c h e n
Bullen, Breven, Verleihungen u. f. w. die G e n e h m i g u n g
z u v e r s a g e n, und Recurse an den römischen Hof willkürlich
einzuschränken." So der erste Einwurf gegen das Concordat
als Beweisgrund für die Nothwendigkeit einer Abänderung
oder Revision desselben.

Man traut wahrhaftig kaum seinen eigenen Augen, wenn man in einem so sehr liberalen Blatt liest, das Concordat bedürfe deßhalb einer Abänderung, weil es den König in Einem Stück hindere, „willkürlich" zu verfahren. Ein liberales Blatt redet der Willkür offen das Wort! Aber freilich, diese Willkür sollte nur gegen die katholische Kirche geübt werden, und gegen diese ist nach gewissen modernen Theorien Alles recht und erlaubt.

Gehen wir auf die Sache selbst ein, so wird gegen Artikel II des Concordates die Wiederherstellung des sogenannten Placetum regium verlangt.

Und das wagt man in einer Zeit, die den Mund so voll Freiheit trägt. Wenn Jedermann frei sein will, soll die Kirche allein geknechtet sein? Mögen diese sonst so eifrigen Verfechter der Freiheit hinblicken auf die bekannten Musterländer der Freiheit: Nord-Amerika, England, Belgien, ob sie dort ein landesfürstliches Placet finden? Mögen sie hinblicken auf Preußen, wo dasselbe schon zu einer Zeit (1841) gesetzlich abgeschafft wurde, wo es in Oesterreich noch Jahre lang in voller Blüte stand. Endlich entschloß man sich auch in Oesterreich, dem Beispiele freier Länder zu folgen und mit dem alten System eines unwürdigen Mißtrauens gegen die katholische Kirche zu brechen. Und siehe da! jetzt kömmt die Presse, und will die Freiheit, von der noch dazu bisher durchaus kein Mißbrauch von Seite der Kirche gemacht wurde, der Kirche wieder genommen, die alte Knechtschaft wieder hergestellt haben. Wenn sie keine besseren Gründe für die Revision des Concordates hat, so dürfte der Beweis für die Nothwendigkeit dieser Revision auf sehr schwachen Füßen stehen.

2. Der nächste angefochtene Artikel ist der XVIII. Artikel des Concordates. Darüber heißt es so: „Nach dem Con-

corbat hat der heilige Stuhl, ohne daß die Regierung mitzu=
sprechen hat, das Recht, Kirchensprengel neu zu errichten,
oder neue Grenzbeschreibungen derselben vorzunehmen." Da=
gegen „ist der König von Ungarn berechtigt, ohne Anfrage
in Rom, Bisthümer zu zertheilen, neue anzulegen, mit alten
Kirchengütern zu dotiren, die Pfarreien zu vermehren." So
der zweite Grund für die Nothwendigkeit der Revision des
Concordates.

Hier müssen wir vor Allem uns verwahren gegen die
Fälschung des Concordates. Das heißt denn doch, sich die
Polemik gegen das Concordat gar zu bequem und leicht machen,
wenn man erst den Text desselben nach Belieben ändert, und
dann den so geänderten Text bekämpft. Wenn es in der Presse
heißt: „Nach dem Concordat hat der heilige Stuhl, ohne
daß die Regierung mitzusprechen hat, das Recht,
Kirchensprengel neu zu errichten u. s. w.," so heißt es im
Concordat gerade umgekehrt so: „Der heilige Stuhl wird kraft
des ihm zustehenden Rechtes, Kirchensprengel (Dioeceses) neu
errichten, oder neue Grenzbeschreibungen derselben vornehmen,
wenn das geistliche Wohl der Gläubigen es erfordert. Doch
wird er in einem solchen Falle mit der kaiserlichen
Regierung in's Einvernehmen treten." Diese klare
und bestimmte Zusage des Einvernehmens und einverständ=
lichen Vorgehens der Kirchen= und Staatsgewalt bei der Er=
richtung neuer Diöcesen oder Abänderung der Grenzen alter
Diöcesen, wie solche in den Schlußworten des achtzehnten
Artikels ausgesprochen vorliegt, wird nun, um einen Beweis
für die Nothwendigkeit der Revision des Concordates zu ge=
winnen, in ihr gerades Gegentheil verkehrt, indem gesagt
wird, das Concordat vindicire dem heiligen Stuhle das Recht,
Kirchensprengel neu zu errichten, „ohne daß die Regie=

rung mitzusprechen hat." Wahrlich, es muß um die
Gründe für die Revision des Concordates schlecht bestellt sein,
wenn man zu solchen Mitteln greifen muß, um den Beweis
für die Nothwendigkeit dieser Revision zu liefern.

Aber auch mit dem anderen Theil der in Betreff des
achtzehnten Artikels aufgestellten Behauptung sieht es nicht
viel besser aus. Wenn nämlich gesagt wird, der König von
Ungarn sei berechtigt, „ohne Anfrage in Rom Bisthü=
mer zu zertheilen, neue anzulegen" u. s. w., so ist dagegen
nur einfach zu bemerken, daß die Geschichte von Ungarn hier=
von das Gegentheil zeigt, und zwar längst vor dem Concor=
date. Als die große Kaiserin Maria Theresia das Bedürfniß
erkannte, in Ungarn die allzu umfangreiche Diöcese Gran zu
zertheilen, und mehrere neue Bisthümer aus dieser alten
Diöcese zu bilden, wußte sie recht gut, daß ihr das Recht
nicht zustehe, „ohne Anfrage in Rom Bisthümer zu zertheilen
und neue anzulegen;" sie wußte recht gut, daß sie dieses nicht
einmal könne mit einer „Anfrage in Rom," sondern
daß dieses blos der Papst thun könne. Deßhalb drückte sie
ihm ihren Wunsch aus, und machte ihm die geeigneten Vor=
schläge, worauf der Papst Pius VI., auf diese Vorschläge
eingehend, kraft seiner „Apostolischen Vollgewalt" von
der Erzbiöcese Gran mehrere Theile absonderte und eigene neue
Diöcesen daraus bildete. So entstanden im Jahre 1776 die
neuen drei Diöcesen: Neusohl, Zips und Rosenau.
So einige Jahre später das griechisch = unirte Bisthum zu
Großwardein (1780). Dasselbe findet sich später (J. 1804)
bei der Errichtung der neuen Diöcesen Kaschau und Szath=
mar. Die hierauf bezüglichen Errichtungs=Bullen aller dieser
Diöcesen liegen etwa nicht blos in den Archiven des Reiches
und der betreffenden Bisthümer begraben, sondern sie sind

auch in der allgemeinen kirchlichen Gesetzsammlung veröffent=
licht *); und man sieht daraus, daß der achtzehnte Artikel des
Concordates genau das alte ungarische Recht, oder vielmehr
das allgemeine Recht der katholischen Kirche, wie es auch in
Ungarn anerkannt und geübt war, formulirt hat. Denn ganz
ebenso, wie in den angeführten sechs Errichtungs=Bullen unga=
rischer Bisthümer, wird gegenwärtig auf Grund des Concor=
dates in einem jeden solchen Fall vorgegangen. Die Regie=
rung macht dem Papst einen Vorschlag; der Papst prüft ihn,
und wenn Alles in Ordnung ist, errichtet der Papst kraft
seiner Apostolischen Vollgewalt das betreffende Bisthum.

Es dürfte hiernach wohl überflüssig sein über diesen
Punct noch ein einziges Wort zu verlieren, da aus dem Ge=

---

*) Um den genauen Sachverhalt recht anschaulich zu machen,
wollen wir aus der oben genannten päpstlichen Gründungs=Bulle des
Bisthumes Rosenau die Hauptstelle ausheben. Sie lautet:

„Nos omnibus mature perpensis, dictae Mariae Theresiae
Reginae Apostolicae, votis clementer indulgere, eosdemque Christi
fideles specialibus favoribus et gratiis prosequi, tum eorum *spirituali
bono ac saluti consulere* volentes, Motu proprio et ex certa scientia
oppidum Rosnaviense ab Archidioecesi Strigoniensi penitus et per-
petuo Apostolica auctoritate tenore praesentium dividimus et separa-
mus, ipsumque oppidum Rosnaviense juxta canonicas sanctiones
Episcopalis civitatis titulo et honore Apostolica auctoritate decoramus
et ecclesiam in eodem oppido existentem et a Sedis Apostolicae
Nuntio Viennensi designandam de Apostolicae potestatis plenitudine
in ecclesiam cathedralem Rosnaviensem pro uno Episcopo Rosnaviensi, qui omnibus Episcopalibus insigniis, privilegiis et praeroga-
tivis, eisdem modo et forma, quibus ceteri Episcopi, praesertim Hun-
gariae regni, perfruuntur et gaudent, cum omnimoda jurisdictione
Episcopali in civitate Rosnaviensi et dioecesi perfruatur et gaudeat,
erigimus et instituimus“ etc. (Bulle vom 13. März 1776.)

sagten erhellt, daß das Concordat im achtzehnten Artikel gar nicht sagt, was ihm von der Presse fälschlich beigelegt wird, und daß jenes, was das Concordat wirklich sagt, ganz genau die alte ungarische Weise ist, wie bei der Errichtung neuer Bisthümer und ihrer Grenzbeschreibung dort von Alters her verfahren wurde. Es ist wohl nicht nöthig beizufügen, daß dieselbe Weise auch in dem ganzen Kaiserthum Oesterreich von jeher üblich war; und somit ist dieser Grund für die Nothwendigkeit der Revision des Concordates um kein Haar besser als der erste.

3. Der nächste Einwurf betrifft den XIX. Artikel des Concordates, welcher mit dem XXII. Artikel zusammengeworfen wird, und in Betreff dieser zwei Artikel heißt es: „Nach dem Concordate (Art. 22) vergibt Se. Heiligkeit an sämmtlichen Metropolitan= oder erzbischöflichen und Suffragan=Kirchen die ersten Würden selbst, und ist der Souverän nicht frei in der Ernennung von Bischöfen, sondern an den Rath von Bischöfen in derselben Kirchen=Provinz gebunden; er ernennt nicht, sondern benennt und schlägt zur kanonischen Einsetzung vor (Art. 19)." Dagegen wird geltend gemacht: „Der König von Ungarn ernennt Erzbischöfe und Bischöfe, Aebte, Pröpste und Chorherren aus eigener Machtvollkommenheit. Wer vom Könige zum Erzbischof, Bischof, Abt oder Propst ernannt, und durch die ungarische Hofkanzlei als solcher bekannt gemacht worden ist, nimmt sogleich den ihm zukommenden Titel und Rang an, leistet den Homagial=Eid, und tritt in alle Würden und Rechte, welche die ungarische Reichsverfassung einem Diöcesan=Bischof zuerkennt. Nur aller geistlichen Gerichtsbarkeit hat er sich so lange zu enthalten, bis er durch die gewöhnliche Bulle aus Rom die päpstliche Consecration empfangen hat."

Bevor wir diesen weiteren Grund für die Nothwendigkeit einer Abänderung des Concordates prüfen, ist eine oder
andere Vorbemerkung nöthig.

Der Schreiber obiger Zeilen, mit deren Untersuchung
und Prüfung wir zu thun haben, sagt, nach dem Concordate
(Art. 22) vergebe der Papst die ersten Würden an den erzbischöflichen und bischöflichen Kirchen, nach dem ungarischen
Recht aber ernenne der König die Erzbischöfe und Bischöfe, Aebte,
Pröpste und Chorherren. Wo liegt denn da der Widerspruch?
Chorherren gibt es ja nur an Collegiat-Kirchen oder in regu-
lirten Chorherren - Stiften. Ein Chorherr im letzteren Sinne
wird man aber nicht durch königliche Ernennung, sondern durch
die Ablegung der Ordens - Profeß. Und mit den Chorherren
an Collegiat-Kirchen befaßt sich das Concordat lediglich gar
nicht. Es sollte wohl etwa statt: Chorherren heißen: Domherren, und dürfte durch einen unliebsamen Uebersetzungs-
fehler aus dem lateinischen: Canonicus, welches alle jene
deutschen Worte bedeuten kann, aus Versehen ein Chorherr
geworden sein. Jedes Schul - Compendium gibt übrigens den
Unterschied von Chorherren und Domherren deutlich an. Doch
sei dem wie immer, gewiß ist, daß die Chorherren mit
der ganzen Sache nichts zu thun haben, und daß, wenn man
hier von Chorherren spricht, gegen den zweiundzwanzigsten
Artikel des Concordates, welcher von den Collegiat - Kirchen
gar nicht handelt, gar kein Einwurf vorliegt.

Eben so wenig hat die königliche Ernennung der Aebte
und Pröpste (wenn man diesen letzteren Ausdruck in seiner
eigenthümlichen Bedeutung faßt, als Vorstand eines regulir-
ten Chorherren-Stiftes oder einer Collegiat-Kirche) etwas zu
schaffen mit dem Concordate, da in demselben von dieser Ernennung gar keine Rede ist.

Endlich ist bei diesem Einwurf noch ein großes Verse=
hen zu rügen, wenn darin gesagt wird, daß der neu ernannte
Bischof „durch die gewöhnliche Bulle aus Rom die Conse=
cration empfange." Consecration heißt bischöfliche Weihe.
Aber durch eine päpstliche Bulle empfängt Niemand die bi=
schöfliche Weihe. Es scheint unglaublich, daß Jemand so eine
bekannte Sache nicht wisse.

Nun zur Sache selbst. Dieser Einwurf enthält zwei
Theile, wie er sich auf zwei Artikel des Concordates bezieht.
Der eine betrifft die Ernennung der Bischöfe, der andere die
Vergebung der ersten Würden an den erzbischöflichen und
bischöflichen Kirchen.

Was die Ernennung der Bischöfe betrifft, so ist
der Einwurf ganz und gar grundlos. Es ist nämlich falsch,
daß der Souverän, weil er den Rath von Bischöfen zu hö=
ren versprochen hat, bevor er den neuen Bischof ernennt,
deßhalb bei dieser Ernennung nicht frei sei. Er hat ja
nicht mehr zugesichert, als daß er des Rathes von Bischö=
fen in dieser Angelegenheit sich bedienen werde. Wie es nun
überhaupt in der Natur eines bloßen Rathes liegt, daß er
von dem, welcher ihn bekömmt, je nach Umständen befolgt
oder nicht befolgt werde, so auch hier. Diese Tragweite der
Worte hat man auch in Rom recht gut begriffen, und nie
mehr als das verlangt. Darum, daß der Souverän diesen
Rath nicht befolgen muß, ist jedoch derselbe keineswegs unnütz;
einen guten Rath zu hören von Leuten, welche eine Sache
wohl verstehen, dient dazu, in wichtigen Dingen leichter und
sicherer das Rechte zu treffen.

Die subtile Unterscheidung, ob die Bischöfe vom König
ernannt oder benannt werden, mit dem daraus abgelei=
teten Widerspruch, entbehrt alles und jedes inneren Grundes,

da Rom seine Concordate in der lateinischen Sprache schließt, und im Lateinischen für diesen Begriff der einzige Ausdruck: nominare existirt, welcher auch im Concordate zur Anwendung kömmt. Ob dieser Ausdruck im Deutschen durch: ernennen oder benennen übersetzt wird, ist etwas rein Zufälliges, ohne alle weitere Bedeutung für die Sache.

Wenn es dann im Concordate heißt, daß „Seine Majestät die Bischöfe dem heiligen Stuhl zur kanonischen Einsetzung vorschlägt", so erscheint es unbegreiflich, wie Jemand, der etwas von der Sache versteht, sich daran stoßen kann, da Solches in der ganzen Welt geschieht, wo immer ein Landesfürst das Ernennungsrecht der katholischen Bischöfe besitzt. Es ist das auch nach ungarischem Recht nie anders gewesen, wie in dem Einwurfe selbst mit klaren einfachen Worten zu lesen ist. Es heißt nämlich dort: „Nur aller geistlichen Gerichtsbarkeit hat er sich so lange zu enthalten, bis er durch die gewöhnliche Bulle aus Rom" u. s. w. Das ist es ja eben, um was es sich handelt. Was ist denn die kanonische Einsetzung (Institution) Anderes, als die Uebertragung des geistlichen Rechtes und der geistlichen Gewalt, aus welcher die geistliche Gerichtsbarkeit in der Diöcese fließt?

Ob der vom König ernannte Bischof sofort gewisse weltliche Rechte gemäß der ungarischen Reichsverfassung erlange, das ist eine Sache, in welche der heilige Stuhl sich nicht einmischt, worüber das Concordat nichts bestimmt, und wo somit auch kein Grund zur Abänderung desselben liegen kann.

Schließlich darf hier nicht unerwähnt bleiben, daß noch ein Irrthum in dem jetzt besprochenen Einwurf vorkömmt. Es wird nämlich gesagt: „Der König von Ungarn ernennt

Erzbischöfe, Bischöfe und Chorherren (womit vermuthlich die Domherren gemeint sein sollen) aus eigener Machtvoll=kommenheit." Wenn wir mit dieser hingeworfenen Be=hauptung die Errichtungs=Bullen der oben genannten Bisthü=mer: Neusohl, Zips, Rosenau, Kaschau, Szathmar verglei=chen, so finden wir statt dieser angeblichen eigenen Macht=vollkommenheit, daß in denselben das Ernennungsrecht sowohl zur bischöflichen Würde, als auch zu den Kanonikaten und Dignitäten vom Papste in aller Form Rechtens an den Kö=nig von Ungarn und seine Nachfolger verliehen wurde, ge=rade so wie bei den übrigen ungarischen Bischöfen *). In=dem die Regierung die Bullen in dieser Form acceptirte und publicirte, hat sie dieses Rechtsverhältniß öffentlich anerkannt. Das Concordat aber hat hierin nur das ältere ungarische Recht formulirt, nicht abgeändert.

Wenn es sich so verhält mit dem Recht der Ernennung, welches die Könige von Ungarn bei diesen geistlichen Würden und Aemtern üben, so wird auch der Einwurf, den man aus der Vergebung der ersten Würden an den erzbischöflichen und bischöflichen Kirchen in Ungarn durch den Papst hernimmt, kein großes Gewicht haben. Ein Recht, das der König vom Papst bekommen hat, kann er, wenn er es für angemessen hält, dem Papst auch wieder überlassen. Das wird doch wohl Niemand läugnen. In Bayern und Preußen, wo man doch

---

*) So zum Beispiel lautet diese Verleihung des Ernennungs=rechtes für die Bisthümer Kaschau und Szathmar so: „Francisco Im-peratori Regi ejusque successoribus jus nominandi seu praesentandi ..... concedimus et assignamus." (Bulle v. 9. August 1804.) Es ist hierbei zu bemerken, daß in den Zeiten der Kaiserin Maria Theresia und des Kaisers Franz immer gesagt wird: jus nominandi seu praesen-tandi, gerade so wie im neunzehnten Artikel des Concordates.

gewiß auch die Majestätsrechte kennt und zu wahren weiß, ist dem heiligen Stuhl ganz dasselbe Recht, die erste Würde an den erzbischöflichen und bischöflichen Kirchen zu vergeben, vertragsmäßig von der Regierung zugestanden, und wird seit 1817 und 1821 ohne Anstand ausgeübt. Soll das in Oester= reich den Majestätsrechten Abbruch thun, was in Bayern und Preußen sich so unbedenklich mit denselben verträgt? Aber der König von Ungarn hat dieses Recht nicht einmal, was er dem Gesagten zufolge unstreitig konnte, blos einfach dem Papst zurückgegeben, sondern er macht zu diesen ersten Würden den Vorschlag, worauf der Papst sie an den Vorgeschlagenen vergibt. Es besteht demnach hinsichtlich dieser ersten Würde an den erzbischöflichen und bischöflichen Kirchen der gleiche Vorgang, wie bei den Erzbisthümern und Bisthümern selbst *).

Das Alles zeigt evident, wie auch der dritte, für die Nothwendigkeit einer Revision des Concordates vorgebrachte, Grund auf gänzlicher Unkenntniß der wahren Verhältnisse beruht, und gar nichts beweist.

4. Der nächste Einwurf lautet: „Nach dem Concordate steht es Erzbischöfen, Bischöfen und sämmtlichen Geistlichen frei, über das, was sie zur Zeit ihres Todes hinterlassen, nach den heiligen Kirchengesetzen frei zu verfügen (Art. 21)."

---

*) Ganz in demselben Sinn äußert sich eine Stimme aus Un= garn in der kirchlichen Zeitschrift „Religio" Nr. 46: „Die erste Würde ist bekanntlich die Großpropsten=Stelle, die auch Domherrnstelle ist. Nun haben aber bis auf die Zeit der Maria Theresia die Bischöfe gesetzlich in jeder Beziehung die Domherren ernannt, ohne daß hierdurch den Rechten der Krone ein Abbruch geschehen wäre. Wo ist demnach eine Verletzung dieser Rechte, wenn der heilige Stuhl, von welchem Seine Majestät das Recht, die Domherren zu ernennen, erhalten hat, mit dem Kronherrn übereinkömmt?" u. s. w.

Dagegen „darf (in Ungarn) nur mit des Königs aus=
brücklicher Erlaubniß ein Bischof über sein erworbe=
nes Vermögen letztwillig nach seinem Belieben verfügen.
Ohne diese Erlaubniß ist sein letzter Wille nur auf ein Drit=
tel beschränkt; ein Drittel muß er den Pfarr= und Semi=
nar=Fonds vermachen, ein Drittel, und wenn kein Testament
vorhanden ist, das ganze Vermögen eignet sich der Kron=
fiscal zu."

Wie? Ist es möglich? Ein solches altes Recht, ver=
langt man in unseren Tagen, soll wieder hergestellt werden?
Ja, noch mehr, ein solches Recht dürfe die Krone nicht auf=
geben? Die Aufgebung dieses Rechtes sei eine Schmälerung
und Verletzung der Majestätsrechte? Und so etwas behaupten
liberale Blätter ganz offen und ungescheut? Darin sehen sie
einen Grund für die Nothwendigkeit der Revision des Con=
cordates? Wie kann man sich doch nur so blamiren?

Nehmen wir einmal an, es gäbe in Ungarn so ein altes
Recht, daß die jüdischen Rabbiner oder die Superintendenten,
Senioren und Pastoren kraft eines Staatsgesetzes über ihr
erworbenes Vermögen kein Testament machen dürften,
sondern Fall für Fall um schweres Geld die Erlaubniß dazu
immer erst von der Regierung erkaufen müßten, und wenn sie
über die Kaufsumme für diese Erlaubniß sich nicht einigen
könnten, und daher der Tod ohne rechtsgiltiges Testament er=
folgte, ihr ganzes Vermögen dem Fiscus anheim fiele.
Welchen unermüdlichen Lärm über diesen Rest mittelalterlicher
Barbarei, über diese schreiende Rechtsungleichheit, über diese
grelle Verletzung natürlicher Menschenrechte würden unsere
liberalen Blätter erheben? Wie beredt würden sie für die
augenblickliche Beseitigung eines so ganz unzeitgemäßen Rechts=
zustandes plaidiren? Und gewiß nicht mit Unrecht.

Nun liegt aber der Fall gerade umgekehrt. Nicht die Rabbiner, nicht die Superintendenten, Senioren oder Pastoren, sondern die katholischen Bischöfe in Ungarn durften bis zum Concordate über ihr e r w o r b e n e s Vermögen nicht letztwillig verfügen, sie mußten die Erlaubniß hiezu Fall für Fall um schweres Geld erkaufen, und wenn man über den Kaufpreis nicht einig wurde, fiel nach dem Tod ihr Vermögen dem Kron = Fiscal zu. Und wie stellt sich die liberale Presse zu diesem Rechtszustand? Sie verlangte nie die Aufhebung des= selben, sie hatte nie ein Wort der Rüge dafür. Wer wollte ihr auch so etwas zumuthen? Aber endlich hat die Regierung selbst das Unzeitgemäße einer solchen Rechtsungleichheit, das Unpassende einer solchen ausnahmsweise gehässigen Stellung der Bischöfe außer dem allgemeinen Gesetz eingesehen, und diesen schreienden Uebelstand im Concordat beseitigt, indem sie den katholischen Bischöfen und Geistlichen ihrerseits die gleiche Testirungsfähigkeit zuerkannte, wie jedem anderen Unter= than. Und was erfolgte? Das Unglaubliche. Die liberale Presse sieht in dieser Herstellung der G l e i c h h e i t v o r d e m G e s e t z e, d e s g l e i c h e n R e c h t e s f ü r A l l e, welches in diesem Puncte früher den katholischen Bischöfen vorenthalten war, eine Verletzung der Majestätsrechte, einen Grund der Nothwendigkeit der Revision des Concordates. — Möchte etwa Jemand wissen, woher dieses angebliche Majestätsrecht stamme, so können wir auch damit dienen. Zur Zeit des Königs Mathias im Jahre 1611 wurde zu Thyrnau eine große Synode gehal= ten, in deren Acten wir lesen, wenige Jahre früher sei dieser Brauch, daß der Fiscus die sämmtlichen Güter des verstor= nen Bischofs an sich reiße, ohne allen gesetzlichen Grund (absque ullo legum patrocinio) eingeführt worden; und beß= halb wurde dringend gebeten, daß dieser Uebelstand abgestellt und der Kirche die alte Freiheit wieder gegeben werde („ut Majestas Sua haec incommoda clementer emendare ac statum ecclesiasticum pristinae libertati restituere dignetur"). Es hat lange gebraucht, bis dieser Uebelstand endlich beseitigt wurde.

Somit dürfen wir es getrost ohne weitere Erörterung dem gesunden Urtheil und dem Rechtssinn unserer Leser über= lassen, diesen Grund für die Nothwendigkeit der Revision des Concordates in seiner ganzen Haltlosigkeit und Erbärmlichkeit zu würdigen. Jeder Bettler in dem weiten Kaiserreich darf seine paar Fetzen vermachen wem er will, und den katholischen Bischöfen in Ungarn wollte man die endlich eingeräumte Testi= rungsfähigkeit wieder nehmen! Zu diesem Zweck verlangt man die Revision des Concordates! Wo bleibt da die Gerechtigkeit?

5. Es erübrigt noch ein anderer Grund, der für die Nothwendigkeit einer Revision des Concordates vorgebracht wurde. Derselbe lautet: „Nach dem Concordate ist die Ver= waltung und Verwendung des Kirchenvermögens vollständig unabhängig vom Staate, und jedweder Controle desselben ent= zogen (Art. 27, 29, 30 und 31)." Dagegen „ist der König von Ungarn berechtigt, über die Verwaltung sämmtlicher Kirchen= und Schuleinkünfte Rechnung zu fordern."

Bekanntlich hat die Kirche ihr Vermögen in der ersten Grundlage durch Schenkung erhalten, und auf dieser Grund= lage fortbauend allmählich durch andere Rechtstitel vermehrt. Derjenige, der sein Eigenthum der Kirche schenkt, kann die Verwendung und Verwaltung des von ihm der Kirche geschenk= ten Gutes an gewisse Bedingungen knüpfen. Thut er das nicht, so ist die Kirche hinsichtlich dieses Vermögens in der einen wie in der anderen Beziehung frei, wie jeder andere Eigen= thümer. Wenn jemand Anderer mit dem Recht des Stär=

feren kommt, und der Kirche in Betreff ihres Vermögens eine
Controle aufnöthigt, so ist das eben eine willkürliche, unrecht=
mäßige Beschränkung ihrer Freiheit. Und die endliche Auf=
gebung dieser ungerechten Beschränkung der Freiheit soll jetzt
gar noch einen Grund bilden für die Revision des Concor=
dates? Wahrlich, die Vorkämpfer der Freiheit im modernen
Staatsleben haben sehr eigenthümliche Vorstellungen von der
Consequenz ihrer eigenen Grundsätze. Geht nicht durch die
ganze neueste Zeit der so oft wiederholte Grundsatz: „Jede
kirchliche Gesellschaft ordnet und verwaltet ihre Angelegenheiten
selbstänbig." Und von der Wohlthat dieses natürlichen Rechts=
grundsatzes, den wir unserer Seits allen rechtlich bestehenden
religiösen Gesellschaften theoretisch und praktisch gerne zugeste=
hen, sollte allein die katholische Kirche ausgeschlossen sein?

Doch es gibt vielleicht Leute, die auf diese neuen Grund=
sätze nicht viel halten, denen das „historische Recht" mehr am
Herzen liegt. Auch wir können mit einem sehr alten und so=
liden historischen Recht dienen. König Stephan der Heilige
hat im ersten Buch seiner für das Königreich Ungarn erlasse=
nen Gesetze verordnet, wie folgt: „Wir wollen, daß die Bi=
schöfe Gewalt haben, die kirchlichen Sachen (res ecclesiasticas)
zu besorgen, zu leiten, zu verwalten und zu verwenden (dis-
pensare) gemäß den kirchlichen Gesetzen"*). Das ist altes
ungarisches Recht, welches im Concordat wieder hergestellt
wurde.

Außer diesen einzelnen Gründen wird noch ein allge=
meiner Grund gegen das Concordat überhaupt geltend gemacht,
dessen Formulirung so lautet: „Die Wiederherstellung des

---

*) S. Stephani Regis Decretorum lib. I. c. 2. De potestate
Episcoporum super res ecclesiasticas etc.

Königreichs Ungarn nach dem historischen Recht steht mit dem Concordat schon deshalb im Widerspruch, weil die Disciplinar=Gesetze des Concils von Trient im Königreich Ungarn weder durch ein förmliches Reichsgesetz, noch durch eine gesetzmäßige National=Synode oder durch feierliche Sanction eines ungarischen Königs jemals allgemeine verbindliche Kraft erlangt haben. Da nun das Concorbat im Grunde nichts Anderes ist, als ein Zurückgehen auf die Beschlüsse des tridentinischen Conciliums, so ergibt sich schon daraus die Unvereinbarkeit desselben mit den altungarischen Reichssatzungen von selbst."

Es ist vor Allem nicht wahr, daß das Concorbat im Grunde nichts Anderes sei, als ein Zurückgehen auf die Beschlüsse des tridentinischen Conciliums. Einige wenige Artikel beziehen sich allerdings auf das Concilium von Trient, welches aber selbst in vielen Stücken nur die alten Kirchensatzungen (canones) erneuerte und einschärfte, die auch in Ungarn zu Recht bestanden. Bei der großen Mehrzahl der Artikel ist es aber nicht wahr, daß sie ein bloßes Zurückgehen auf die Beschlüsse des tridentinischen Conciliums sind.

Sodann müssen wir uns dagegen verwahren, daß zur Giltigkeit der Disciplinar=Gesetze des Conciliums von Trient in irgend einem Lande eine National=Synode erforderlich sei, wie die Presse wiederholt und mit allem Nachdruck behauptet, indem sie abermals sagt: „Es sind aber die tridentinischen Beschlüsse für die katholische Kirche in Ungarn nicht rechtskräftig, weil eine feierliche Verkündung des Tridentinums durch eine ungarische National=Synode niemals stattfand." Nach dieser Theorie, daß zur Rechtskräftigkeit der Tridentinischen Disciplinar=Gesetze eine National=Synode nothwendig sei, würden diese Gesetze in ganz Oesterreich, in Italien und vermuthlich

in ganz Europa ungiltig fein. So etwas ift denn doch noch
Niemanden eingefallen zu behaupten*).

Das Organ, durch welches ordentlicher Weise die allge=
meinen Kirchengefetze, alfo auch jene des Conciliums von
Trient, in den einzelnen Ländern bekannt gemacht werden,
find die Provincial=Concilien oder die Diöcefan=Synoden oder
die einzelnen Bifchöfe.

Eben fo müffen wir uns dagegen verwahren, daß zur
rechtskräftigen Verbindlichkeit der Tribentinifchen Disciplinar=
Gefetze in einem Lande die feierliche Sanction des Königs er=
forderlich fei. Da hätten wir ja wieder das Placetum regium
in befter Form, deffen Unhaltbarkeit fchon oben dargethan
wurde.

Es fragt fich nun, ob die Disciplinar=Gefetze des Tri=
bentinifchen Conciliums in Ungarn verkündet, und fomit rechts=

*) Es pflegt wohl fo zu gehen, wenn man fich auf ein Gebiet
einläßt, auf dem man nichts verfteht. Freilich wäre es in einem folchen
Fall auch der Klugheit angemeffen, nicht fo laut von der „wahrhaft
haarfträubenden Unwiffenheit" des Blattes zu reden, welches man be=
kämpft. Denn, offen gefagt, hat das eine, wie das andere Blatt von der
Sache, worüber fie beide redeten, nicht viel gewußt. Die fragliche Sy=
node, von der das eine Blatt fagte, ihre Acten feien verloren gegangen,
das andere behauptete, fie habe gar nie exiftirt, war ja gar keine
National=Synode, fondern eine bloße Diöcefan=Synode,
welche der Carbinal=Erzbifchof von Gran, Nicolaus Oláh, auf den
23. April 1564 nach Tyrnau ausfchrieb, um auf derfelben feinem Clerus
die Befchlüffe (Statuta) des tribentinifchen Conciliums mitzutheilen. Das
weiß man aus der noch vorhandenen Indictio Synodi. Ob diefe Synode
wirklich gehalten worden fei, oder nicht, dafür fehlt es an hiftorifchen
Zeugniffen, und daher find die beiden Anfichten entftanden, wovon die
eine in dem einen, und die andere in dem anderen Wiener Blatte ihren
Ausbruck fand, beide darin falfch, daß fie aus diefer Diöcefan = Synode
irrthümlicher Weise eine National=Synode machten.

kräftig seien. Wir könnten uns füglich damit begnügen, auf die neuesten katholischen Kirchenrechtslehrer in Ungarn hinzu= weisen, welche diese Frage ganz unzweifelhaft bejahen (Cherrier Jus Eccles. §. 60 Porubszky Jus Eccles. §. 32). Das eine dieser beiden Werke ist vom gegenwärtigen Cardinal Fürst=Primas von Gran, das andere vom Erzbischof von Erlau Bartakovics approbirt, und somit kann man nicht anneh= men, daß diese beiden Autoren in einem so wichtigen Funda= mental=Satze von der Ueberzeugung der gesammten katholischen Kirche in Ungarn abweichen. Es findet sich aber außerdem für die Bejahung dieser Frage ein anderes eklatantes Zeug= niß. Im Jahre 1611 hielt der damlige Cardinal=Erzbischof von Gran, Franz Forgách, eine große Synode in Tyrnau, welcher die Erzbischöfe von Colocza und Agram, die Bischöfe von Vesprim, Neutra, Fünfkirchen, Waitzen, Raab, Syrmien und Bosnien, der Erzabt von Martinsberg, mit vielen Dom= herren (auch von Erlau) und Pröpsten beiwohnten und unter= schrieben. Diese Synode, welche nur aus fünf Capiteln be= steht, und im Druck nur wenige Blätter füllt, setzt nicht blos überall die vollständige Geltung der Disciplinar=Gesetze des Conciliums von Trient voraus, sondern hat auch an mehr als dreißig Stellen ausdrücklich die Befolgung derselben eingeschärft, ja einmal sogar Seine Königliche Majestät und deren Räthe erinnert, hinsichtlich der Kirchengüter zuvörderst das betreffende Decret des Conciliums von Trient (Trident. Sess. 22. cap. 11. de reform.), dann auch die Decrete des Kaisers Ferdinand (Ferdin. in Decret. a. 1560) und an= derer frommen Regenten (K. Stephan, Andreas, Ladislaus) stets vor Augen zu haben. Darnach möge man beurtheilen, wie es mit dieser allgemeinen Behauptung in Betreff der Disciplinar = Gesetze des Tridentiner Conciliums und deren rechtskräftiger Geltung in Ungarn bestellt sei.

Aus der bisherigen Darstellung ergibt sich, daß der angebliche Widerspruch zwischen den landesherrlichen Maje= stätsrechten des Königs von Ungarn und dem Concordat in keinem Puncte bestehe, also von dieser Seite dem Concordate nichts entgegenstehe, was eine Revision desselben nöthig machte.

Es lag ursprünglich im Plane dieser Schrift, die Frage über die Nothwendigkeit der Revision noch aus einem anderen Gesichtspuncte zu beleuchten, der ebenfalls hie und da gel= tend gemacht wird, ob nämlich die alten Rechte der katholi= schen Kirche in Ungarn durch das Concordat beeinträchtigt worden, und deßhalb eine Revision desselben nothwendig sei. Aber ganz abgesehen davon, daß das ungarische Episkopat bei den Berathungen über die Grundlagen der Concordats= Verhandlungen (1849) in der besten Weise vertreten war, und wieder nach dem Abschluß des Concordates an den Berathungen über die Ausführung desselben (1856) sich lebhaft betheiligte, so ist es ja überdieß eine öffentlich be= kannte Thatsache, daß Seine Majestät noch vor dem Abschluß des Concordates (1853) die Metropoliten von Ungarn, be= nen die historischen Rechte der Kirche in Ungarn am besten bekannt sein mußten, zu sich berief, um ihre Wünsche und Erklärungen zu vernehmen. Diese Erklärungen und Wünsche wurden zu Protocoll gebracht, von den anwesenden Hochwür= digsten Herren unterzeichnet und dem heiligen Vater zugleich mit den eigenhändigen Unterschriften vorgelegt.

Doch man könnte immer noch fragen, ob diese Erklä= rungen und Wünsche bei dem wirklichen Abschlusse des Con= cordates die gebührende Würdigung fanden. Dieses Bedenken zu beseitigen ist kaum etwas so geeignet, als die in diesen Tagen aus Gran erfolgte öffentliche Erklärung des Inhaltes:

„Da das Concordat sich ganz auf dem kanonischen
Rechtsboden bewegt, so ist die Furcht, der ungarische Clerus werde gegen das Concordat los-
stürmen, grundlos." Dabei wird in der nämlichen Erklärung auf „das publicistische Organ des ungarischen Clerus,"
nämlich auf die „Kirchenzeitung Religio" verwiesen, wo „alle
von Juden und Liberalen gegen das Concordat erhobenen
Einwendungen gründlich widerlegt werden." Diese Hinwei-
sung auf die Kirchenzeitung „Religio" mag es wohl rechtferti-
gen, wenn dieser ungarischen Stimme zu Gunsten des Concordates hier in Kürze gedacht und Einiges, was noch zur
Ergänzung dienen kann, ausgehoben wird.

So wird in jenem Aufsatz der „Religio" (Nr. 45) auch
folgender Einwurf beleuchtet: „Durch das Concordat wurde
die kirchliche Rechtssphäre des ungarischen Reichs-Primas
beschränkt." Darauf erwiedert der Verfasser jenes Aufsatzes:
„Allerdings sei eine Beschränkung dieser Rechte eingetreten,
aber nicht durch das Concordat; selbst die Unabhän-
gigkeit der neu errichteten Erzbisthümer von der Graner
Primatial-Jurisdiction, so wie die Unwirksamkeit des Prima-
tial-Gerichtshofes fallen nicht in das Bereich des Concordates. Darum kann, sollte sich dieses als nothwendig her-
ausstellen, die Einheit, der Umfang, sammt dem ganzen Or-
ganismus der Primatial-Jurisdiction und der ungarischen
Hierarchie wieder hergestellt werden, ohne daß deßhalb das
Concordat auch nur der geringsten Abänderung bedürfte."
Der einzige Punct im Concordat, welcher die Rechte des
Primas berührt, ist der, daß früher nur der Primas für die
erledigten erzbischöflichen und bischöflichen Sitze dem König
einen Vorschlag zu machen hatte. Allein es sei uns hierüber
die Bemerkung erlaubt, daß nach dem Wortlaut und nach

dem Geist des Concordates auch fortan bei jedem solchen Erledigungsfalle im ganzen Königreich Ungarn der Primas dem König seinen Vorschlag machen könne. Wenn der König auch andere Bischöfe dabei zu Rathe ziehen will, so war ihm das nie verwehrt, wen immer, Minister, Geheim-Räthe, Bischöfe oder Prälaten zu fragen, da der Vorschlag des Primas für den König ja doch nicht bindend war.

Ein anderer Einwurf von dieser Seite lautet: „Durch das Concordat wurde der ungarische Clerus in seinen von den ungarischen Königen und der römischen Curie erhaltenen Rechten beeinträchtigt." Darauf antwortet der Verfasser jenes Aufsatzes („Religio" Nr. 45): „Wir gestehen mit Dank, daß die katholische Geistlichkeit Ungarns durch mehrere Jahrhunderte hindurch die nach Stellung und Verdiensten ihr gebührenden Privilegien und Vorrechte besaß, die nicht blos größtentheils im kanonischen Rechte begründet, sondern auch von unseren Königen und Reichstagen sanctionirt waren. Aber wir erinnern uns noch sehr lebhaft der heftigen Debatten gegen das Kastenwesen, der Petitionen unserer Comitats-Behörden gegen die persönliche Immunität des Clerus, und der vielen Vorschläge, wonach alle Angelegenheiten vor das weltliche Gericht gebracht werden sollten, sobald sie nur den geringsten weltlichen Anstrich hatten. Was würden die Gegner sagen, wenn jetzt der Clerus seine Privilegien zurückverlangen würde, und namentlich daß alle jene Fälle, über welche bis zur Revolution die Consistorien geurtheilt haben, wieder den geistlichen Gerichtshöfen zugewiesen werden? Unablässig eifert man sich für die Gleichheit vor dem Gesetze; und nun, da diese mit einem ganz geringen Vorbehalt, den die Würde des geistlichen Standes erfordert, auch vom Apostolischen Stuhle bestättigt wurde, ist ihnen das wieder nicht recht."

Ein weiterer Einwurf lautet: Die katholische Kirche war in Ungarn vor dem Jahre 1848 freier, als seit dem Concordate; darum wäre es zweckmäßiger, jenen früheren Zustand wieder herzustellen, oder doch auf die Gesetze von 1848 zurückzugehen. Darauf entgegnet der Verfasser jenes Aufsatzes in der „Religio" (Nr. 46) mit Recht: Sind denn jene Regierungs-Decrete alle schon vergessen, welche damals die freie Bewegung der Kirche theils erschwerten, theils ganz unmöglich machten? War die Kirche damals freier, als die unmittelbare Verbindung mit dem heiligen Stuhl verboten war, als die Freiheit der Bischöfe, Testament zu machen, die Freiheit der Kirche, Vermögen zu erwerben, in Ungarn gesetzlich unterdrückt war? Man vergleiche einmal die Vor-theile, welche das Concordat der Kirche in Ungarn gewährte, mit den weltlichen Rechten, welche sie bis zum Jahre 1848 besaß, nun aber das Concordat als für die ungarische Kirche aufgehoben anerkennt; und das Verhältniß ist entschieden zu Gunsten des Concorbates.

Und was wir nach langem trostlosen Warten endlich erhalten haben, das sollten wir jetzt wieder leichtsinnig weg-werfen, und mit leeren Händen um zwölf Jahre zurückgehen, und neuerdings zu klagen beginnen, um vielleicht einst, wenn's glückt, nach langer Zeit und vieler Mühe in kirchlicher Be-ziehung wieder dahin zu gelangen, wo wir jetzt sind? Denn die ehemaligen weltlichen Rechte wieder zu gewinnen, dürfen wir nicht hoffen; die Zeit schreitet nicht rückwärts. Was aber die vielgepriesenen Gesetze von 1848 betrifft, wollen wir nur so viel sagen, daß diese in Religions- und Kirchen-Angelegen-heiten geradezu im Sinne der Debrecziner Superintendenzial-Petition abgefaßt wurden; als Antwort aber auf die Petition der Bischöfe und Katholiken verwies man diese auf die früheren Gesetze. Erst das Concordat gab uns wieder die Rechte, welche uns unsere eigenen Brüder zuerst genommen, und dann auf unsere dringenden Bitten verweigert hatten; und Seine k. k. Apostolische Majestät, der Monarch, welcher die Freiheit der Kirche wiedergegeben und dieselbe vor der ganzen Welt feierlich anerkannt hat, verdient zweifelsohne bei den Katho= liken dadurch eben so viel Dank, als er sich bei den Feinden der katholischen Kirche deßhalb Ungunst zugezogen hat.

Aus der bisherigen Untersuchung der für die Nothwen= digkeit einer Revision des Concordates in den öffentlichen Blättern vorgebrachten Gründe ist klar ersichtlich, wie grund= los die Behauptung ist, daß „die Wiederherstellung des König= reiches Ungarn nach dem historischen Recht mit dem Concor= dat im Widerspruch stehe," „daß die Autonomie der ungari= schen Kirche, diese unvermeidliche Consequenz der Wiederbe= lebung der ungarischen Landes = Verfassung, im Widerspruch stehe mit dem Geiste und mit einzelnen Bestimmungen des Concordates," daß somit das Diplom vom 20. October eine Revision des Concordates nothwendig mache, zunächst für Ungarn, dann aber in natürlicher Rückwirkung auch für die übrigen Länder der österreichischen Monarchie. Dagegen ist Punct für Punct nachgewiesen worden, daß der angebliche Widerspruch des Concordates mit den Majestätsrechten des Königs von Ungarn in Wahrheit nicht existire, und theils auf ganz falschen Voraussetzungen beruhe, theils solche Rechte betreffe, welche die ungarischen Könige ehemals von den Päpsten erhalten oder sich widerrechtlich zugeeignet hatten. Daß aber die Autonomie der katholischen Kirche in Ungarn nicht im Geringsten durch das Concordat gefährdet sei, wurde durch competente Stimmen aus der Mitte der katholischen Kirche in Ungarn selbst constatirt, welche anerkennen, daß die

katholische Kirche in diesem Lande jetzt freier und würdiger
gestellt sei, als vor dem Jahre 1848 und in dem Jahre 1848,
und daß hierdurch dasjenige, was sie etwa an weltlichen Rech=
ten verloren hat, und was sich dem Geiste unserer Zeit ge=
mäß nicht wieder zurückführen läßt, durch ungehemmte Wirk=
samkeit auf ihrem eigenthümlichen Gebiete reichlich ersetzt sei.

Eines nur wird von jener Seite beanstandet. „Was
dem ungarischen Clerus wehe that," so heißt es, „war nicht
das Concordat, sondern jene Ausführungs = Bestim=
mungen, welche die durch das Concordat verbürgte kano=
nische Freiheit zu vernichten drohten." Hierüber noch ein
Wort. Es liegt am Tage, daß diese beiden Dinge wohl zu
unterscheiden sind: das Concordat, welches die Principien
aufstellt, die Grundlagen gibt, und die Ausführungs=
Bestimmungen, wodurch jene Principien auf die einzelnen
besonderen Verhältnisse angewendet werden, wodurch auf jenen
Grundlagen fortgebaut wird. Die bisherige Erörterung be=
faßte sich nur mit dem Concordate selbst. Was die Ausfüh=
rungs = Modalitäten betrifft, so sind diese abermals zwei=
facher Art, indem einige im Concordat einer weiteren Ver=
einbarung des Apostolischen Stuhles und der österreichischen
Regierung vorbehalten wurden, andere aber von der Regie=
rung allein ausgingen.

Die Ersteren nehmen, sobald sie auf diesem Wege recht=
mäßig zu Stande gekommen, gleichfalls die Natur einer ver=
tragsmäßigen Bestimmung an, und können nur in der Weise
abgeändert werden, wie überhaupt öffentliche Verträge. Die
Letzteren aber sind gleich anderen einfachen Staatsgesetzen
zu betrachten und zu behandeln, bei denen zunächst in Frage
kömmt, ob sie mit dem Staats = Vertrag, dessen Ausführung
sie bilden sollen, im Einklang stehen oder nicht. Wofern sie

mit demselben nicht in Einklang stehen, erheischte es jene Ehr=
lichkeit und Redlichkeit, welche in einem wohlgeordneten Staats=
wesen die öffentlichen wie die Privat=Verhältnisse durchbrin=
gen und beseelen soll*), daß sie unverweilt mit demselben in
Einklang gebracht werden. Aber es kann auch geschehen, daß
Ausführungs=Bestimmungen, welche dem Staats=Vertrag, auf
dessen Grundlage sie erlassen wurden, nicht widersprechen, un=
zweckmäßig oder ungeeignet sind, oder gewisse Uebelstände mit
sich führen, welche erst die Erfahrung allmählig zeigt. Hier
ist allerdings eine Aenderung oder Modification zulässig, da
diese Art von Ausführungs=Bestimmungen nicht mehr unter
die Staats=Verträge, sondern unter die Gesetze fällt; aber
selbst diese Aenderung in der einen oder anderen Ausfüh=
rungs=Bestimmung ist nur zulässig unter gewissen Bedin=
gungen, nämlich zuerst vor Allem, daß sie in keiner
Beziehung den Vertrag selbst, zu dessen Durch=
führung sie bestimmt ist, irgend wie verletze
oder alterire, sei es durch willkürliche Zusätze oder
durch einseitige Aufhebung oder eigenmächtige
Abänderung einzelner Bestimmungen desselben;
und sodann, daß hierzu nöthige Gründe vorhanden seien.
Denn was die erste Bedingung betrifft, so wird der Vertrag
gebrochen, wenn durch einseitige de Gesetze an demselben
willkürlich geändert wird; und Vertragsbruch in jeder Form,
auch wenn diese etwas feiner ausgedacht und klug angelegt
wäre, ist eine Rechtsverletzung, die dem Staat keinen Segen
bringt, ist eine Schmach für den Staat, der sie begeht, ist
ein Gegenstand des Jubels für die, welche denselben dem Ab=

---

* Die Fides Publica war selbst den Heiden so heilig, daß sie bei
den Römern einen öffentlichen Cultus hatte. Sollten die Christen schlech=
ter als die Heiden sein?

grund immer näher drängen möchten. Betreffend die nöthi=
gen ben Gründe zu einem solchen Schritt gilt von der Aen=
derung der bestehenden Gesetze, was die alten römischen
Rechtsgelehrten überhaupt von der Gesetzgebung so wahr und
richtig bemerkten: „Gesetze gibt man nicht für Fälle, die zu=
fällig einmal sich ereignen können, sondern die Gesetze haben
vielmehr das im Auge, was häufig und gewöhnlich, als was
nur selten vorkömmt; was sich nur das eine oder das andere
Mal trifft, berücksichtigen die Gesetzgeber nicht." (Dig. 1, 3.
fr. 4. 5. 6.). Es müßte daher in dieser Beziehung, wenn die
Sache nicht nach moderner Gesetzmacherei, sondern mit echter,
antiker Gesetzgebungs=Weisheit behandelt werden sollte, vor
Allem untersucht werden, ob wirklich Fälle vorliegen, die
zu einer solchen Aenderung der bestehenden Gesetze nöthigen,
und zwar nicht blos ein oder anderer Fall, sondern
häufigere Fälle, in denen mit den älteren Gesetzen das öffent=
liche Wohl sich nicht mehr verträgt.

Das im Grundsatz vorausgeschickt, läßt sich in der
Wirklichkeit noch kein bestimmtes Urtheil öffentlich aussprechen,
ob einzelne Ausführungs=Bestimmungen einer Abänderung be=
dürfen, indem jede einzelne, von der Solches behauptet wird,
nach dem oben erwähnten doppelten Grundsatz zu prüfen
wäre. Da aber keine namhaft gemacht wurde, so kann auch
die Untersuchung darüber nicht Statt finden; und es liegt
zur Zeit auch unter diesem Gesichtspuncte nichts vor, was
eine Abänderung rechtfertigte, geschweige denn nothwendig
erscheinen ließe.

Sollte es Jemanden scheinen, daß die vorstehende Un=
tersuchung über die Gründe für die Nothwendigkeit einer
Revision des Concordates, an deren Schluß wir hiermit an=
gelangt sind, zu sehr den ungarischen Standpunct berücksich=

tige, so möge er bedenken, daß einzig von dieser Seite be-
achtenswerthe Gründe für diese Revision und deren Nothwendigkeit vorgebracht wurden, also die Abwehr zunächst nach
der Seite gerichtet sein mußte, von welcher aus der Angriff
geschah, daß ferner das gegen die Nothwendigkeit der
Revision des Concordates für Ungarn Gesagte doppelt und
dreifach für die übrige Monarchie gilt, und daß man endlich
die Bedeutung der in Ungarn brennenden Fragen für die
gesammte Monarchie in keiner Beziehung unterschätzen darf.

Wie steht es demnach mit der Revision des Concordates?

Das Concordat ist ein öffentlicher Vertrag und zugleich
Staatsgesetz.

Verträge, die nach den sorgfältigsten jahrelangen Verhandlungen geschlossen wurden im Angesicht von ganz Europa,
wird eine gerechte, ehrliebende Regierung gewissenhaft halten.

Gesetze, die auf Grund solcher Verträge feierlich gegeben
wurden, ändert eine weise Regierung nicht ohne die bringend-
sten Gründe.

Solche Gründe sind aber zu Aenderung des Concordates
nicht vorhanden: denn was bis jetzt dafür vorgebracht wurde,
ist durchaus nichtig und unhaltbar.

Wichtige, lang und reiflich erwogene Gesetze ändert eine
weise Regierung nicht, ohne daß die Erfahrung gezeigt hätte
diese Gesetze seien unausführbar und nachtheilig.

Bei dem Concordat aber hat im Gegentheil die Erfahrung gelehrt, daß die Sache geht, und zu keinen begründeten
Klagen Anlaß gibt.

Wenn man auf jeden blinden Lärm, auf jede vage Besorgniß hin die feierlich erlassenen Gesetze, ohne inneren nöthi-
genden Grund, wieder zurücknehmen wollte, würde gar bald
alles Regieren aufhören und ein wahres Chaos von erlasse-

nen, wankenden, unbefolgten und widerrufenen Gesetzen ein=
treten.

Daß bei einem großen neuen Gesetze und deffen Durch=
führung hie und da Schwierigkeiten sich ergeben, liegt in der
Natur der Sache; das war vorauszusehen; das ist kein
Grund zur Zurücknahme des Gesetzes; bei redlichem
Willen, bei gründlicher Einsicht und thatkräftiger
Energie weichen diese Schwierigkeiten, wie denn bisher noch
alle glücklich beseitigt wurden, und wenn ehrlich und redlich,
muthig und beharrlich fortgeschritten wird, trotz des aufge=
wühlten Staubes, der die Aussicht zeitweilig etwas trübt,
Recht und Wahrheit, die beide im Concordat ihren
Ausdruck gefunden haben, zuletzt in ihrer ganzen Schönheit
sich entwickeln und ihren wohlthätigen Einfluß in immer wei=
teren Kreisen üben werden.